www.ingramcontent.com/pod-product-compliance
Lightning Source LLC
Chambersburg PA
CBHW080929170526
45158CB00008B/2226
* 9 7 8 1 0 9 6 8 6 9 9 6 2 *